Asiatische Blitzmenüs

AUTORIN: CORNELIA SCHINHARL | FOTOS: BARBARA BONISOLLI

Praxistipps

Extra

Rezepte

Alles rund ums asiatische Essen

Ein Menü sieht in Asien anders aus als bei uns, wir wollen es aber, wie es uns gefällt. Mit guter Planung und pfiffiger Vorratshaltung ist es ein Heimspiel.

In Asien kommen bei einem festlichen Menü erst einmal verschiedene Vorspeisen auf den Tisch – kalt und warm gemischt. Bei den Hauptgerichten läuft es genauso – eines allein ist einfach undenkbar. Je mehr verschiedene Schälchen auf dem Tisch stehen, desto festlicher ist die Angelegenheit. Die Suppe gibt es nach dem Hauptgericht und bei den Desserts lässt die Auswahl schon mal schlicht frische Früchte zu. Ganz anders stellen wir ein Menü zusammen.

Vorspeisen und **Suppen** leiten das Menü ein, in der Regel servieren wir eine Vorspeise oder eine Suppe. Wenn jedoch viele Gäste kommen, gibt es durchaus auch mehrere Vorspeisen und eine Suppe im Anschluss.

Beim **Hauptgericht** entscheiden wir uns für ein Fleisch- oder ein Fischgericht, ein vegetarisches Gericht mit Tofu und/oder Gemüse oder auch einmal ein Nudelgericht oder gebratenen Reis. Dazu gibt es Reis oder (Reis-)Nudeln und vielleicht noch einen Salat. Kommen mehr Gäste, erhöhen wir die Mengen entsprechend oder wir machen es wie die Asiaten und bereiten mehrere Hauptgerichte zu.

Egal, was wir kochen, wir lassen unseren Gästen die Möglichkeit, bei Tisch **nachzuwürzen.** Pfeffer und Salz wären zwar nahe liegend, aber etwas einfallslos. In jedem Fall stellen wir eine kleine Flasche Sojasauce und Sambal oelek oder Chilisauce zum Schärfen mit auf den Tisch. Geriebener Ingwer, das knackige Grün von Frühlingszwiebeln in feinen Ringen und ein paar frische Kräuterblättchen (Minze, Zitronenmelisse, Koriander und Thai-Basilikum), Limettenviertel und ein paar gehackte Erdnusskerne machen die Tafel nicht nur optisch, sondern auch kulinarisch zum Highlight.

Bei der **Zusammenstellung des Menüs** richten wir uns natürlich in erster Linie nach den Vorlieben unserer Gäste und unseren eigenen Lieblingsgerichten. Wer auf Nummer sicher gehen will, hat vorher schon mal jedes der Gerichte für sich selbst zubereitet. Und das gilt es auch noch zu beachten: Keine der Hauptzutaten sollte sich in den verschiedenen Gängen wiederholen, also keine Garnelen in der Vorspeise und im Hauptgericht und keine Nudelsuppe vor gebratenen Nudeln. Das Menü farblich abwechslungsreich gestalten, also keinen hellen Salat vor einem hellen Fleischgericht. Denn auch das Auge isst mit.

Damit alles ganz entspannt abläuft, suchen Sie sich mindestens ein Gericht im Menü aus, das Sie **vorbereiten** können. Bei allen anderen Gerichten arbeiten Sie so weit vor, wie es möglich ist. Also Fleisch und Fisch steht schon geschnitten und abgedeckt im Kühlschrank. Das Gemüse ist gewaschen und geputzt, die Saucen sind angerührt und alle anderen Zutaten stehen abgemessen und abgewogen parat. Fast schon eine Selbstverständlichkeit: rechtzeitig die Getränke kühlen, den Tisch decken und das Brot schneiden, damit man nicht außer Atem ist, wenn die Gäste eintreffen.

Alles, was sich lange hält, steht im Vorratsschrank: Sojasauce, Fischsauce, Austernsauce (nach dem Anbrechen kühl lagern), Reiswein, Reis, Reisnudeln, Glasnudeln, Eiernudeln, Buchweizennudeln, rote Linsen, Wasabi, Reisessig, Kokosmilch, Sesamsamen, Erdnusskerne, Bambussprossen im Glas, Maiskölbchen in der Dose, getrocknete Mu-Err- und Shiitake-Pilze, süße Chilisauce und Currypaste (nach dem Anbrechen kühl lagern). Ganze Gewürze wie Koriandersamen und getrocknete Chilischoten.

lange Haltbares aus dem Vorratsschrank

blanchierter Pak choi

Einfrieren, was man nicht überall bekommt und was sich dafür eignet: Zitronengras (wie es ist oder geputzt und geschnitten), Ingwer (lässt sich gefroren besonders gut reiben, kann man aber auch gehackt oder gerieben einfrieren), Pak choi (Blätter ablösen, in Salzwasser blanchieren, abschrecken und abgekühlt einfrieren), Garnelen gefroren kaufen und im Tiefkühlgerät lagern, Huhn und Entenbrust einfrieren (später im Kühlschrank langsam auftauen lassen).

Koriander

Besser frisch kaufen: alle Kräuter (Koriander, Minze und Thai-Basilikum auch mal als Pflanzen im Töpfchen kaufen und auf der Fensterbank oder dem Balkon pflegen), Pilze, Gemüse, Salate, Sprossen und Früchte, Chilischoten, Limetten und Zitronen, Hackfleisch und Tofu.

Kochen mit Geschmack

Exotische Aromen, knackiges Grün, würzige Zutaten – sie verwöhnen unseren Gaumen und machen die Asia-Küche so besonders.

Sojasauce & Co. Normale Sojasauce ist dunkel und wird aus Sojabohnen, Weizen und Wasser durch Fermentation hergestellt. Je nach Hersteller und Land ist sie unterschiedlich salzig. Deshalb immer erst mal vorsichtig dosieren. Helle Sojasauce ist leicht durchsichtig und sehr würzig. Dunkle Sojasauce dickflüssig und wie Kecap manis mit Zucker aromatisiert. Austernsauce wird aus Sojasauce, Austernextrakt und Gewürzen hergestellt, ist dickflüssig und sehr würzig. Fischsauce gewinnt man aus fermentierten Sardellen. Sie ist flüssig und äußerst intensiv im Aroma.

Ingwer Bekommt man frisch inzwischen in jedem Supermarkt. Frisch heißt, dass die aromatische Wurzel prall und an den Bruch- oder Schnittstellen saftig aussieht. Kaufen Sie immer nur so viel, wie Sie in 2–3 Wochen verbrauchen können, denn Ingwer schimmelt leicht. Die Schnittstellen mit Frischhaltefolie abdecken und die Wurzeln im Kühlschrank lagern.

Chili Vor allem rote Chilis kommen in der Asia-Küche zum Einsatz. Eine Regel mit Ausnahmen: je kleiner, desto schärfer. Immer richtig: Wer die Kerne entfernt, bekommt weniger Schärfe. Nach dem Hantieren mit Chilis die Hände sehr gut waschen oder zum Schneiden Einmalhandschuhe tragen. Die Schärfe haftet nämlich auch an den Fingern. Alternativen zum Würzen: Currypasten, Sambal oelek, Harissa oder Chilisaucen, die unterschiedlich scharf sind. Also immer vorsichtig dosieren.

Kräuter Koriander und Thai-Basilikum sind die Stars. Vom Basilikum gibt es verschiedene Sorten, süßes und scharfes. Doch das scharfe schmeckt nicht scharf, sondern pfeffrig würzig, das süße leicht nach Anis. Das süße heißt auch Bai horapha, das scharfe Bai grapau. Im Gegensatz zum europäischen Basilikum kann man Thai-Basilikum kurz mitgaren. Koriander hingegen immer zum Schluss zugeben und vorsichtig dosieren. Kommt zu viel ans Essen, kann es seifig schmecken.

Nudeln & Reis Glasnudeln werden aus gemahlenen Mungobohnen, etwas Stärke und Wasser hergestellt. Glasnudeln 10 Min. in Wasser einweichen, dann nach dem Abtropfen mit der Küchenschere etwas kleiner schneiden, damit man sie leichter essen kann. Reisnudeln je nach Dicke in Wasser 2–4 Min. kochen, abgießen und je nach Rezept weiterverwenden. Buchweizennudeln (Soba) kommen aus der japanischen Küche und sind sehr aromatisch. Sie werden wie Eier- und andere Weizennudeln in der asiatischen Küche nur in Wasser gekocht, Salz im Wasser schadet aber keinesfalls.

Essig & Öl Öl zum Braten soll neutral sein, zum Würzen aber aromatisch. Viel Geschmack bringt Sesamöl (drauf achten, dass es aus gerösteten Samen gewonnen wurde), zum Nachwürzen eignet sich auch mal Chiliöl (Vorsicht, sehr scharf!). Essig ist in der Asia-Küche fast immer Reisessig, es gibt ihn hell, dunkelbraun und rötlich. Der dunkle ist am intensivsten, er schmeckt mild und nicht so sauer.

Asia-Pasta

würzig: Sojasauce & Co.

für alle Fälle: Essig & Öl

praller Ingwer

feurige Chilis

aromatische Kräuter

Vorspeisen

Erstmal was Leichtes, Frisches und super Aromatisches zur Einstimmung auf kommende Genüsse. So wie dieser würzige Salat. Und weil er so superschnell fertig und das Ergebnis so überwältigend ist, ist er mein persönlicher Favorit.

Ingwer-Möhren-Salat

2 TL Koriandersamen
500 g zarte Möhren
40 g frischer Ingwer
2 EL Öl
2 EL Zitronensaft
Salz
2 Frühlingszwiebeln

Für 4 Personen | 15 Min. Zubereitungszeit
Pro Portion ca. 100 kcal, 2 g EW, 7 g F, 8 g KH

1 Die Koriandersamen in einer Pfanne ohne Fett unter Rühren etwa 1 Min. anrösten, bis sie duften. Dann im Mörser fein zerstoßen.

2 Die Möhren schälen, putzen und fein raspeln. Den Ingwer schälen und fein reiben. Öl, Zitronensaft und Salz mit Koriander, Möhren und Ingwer verrühren und abschmecken. In eine Schüssel oder auf Teller füllen.

3 Die Frühlingszwiebeln putzen, waschen und mit dem knackigen Grün in feine Ringe schneiden. Den Salat vor dem Servieren damit bestreuen.

MEHR LEUTE AM TISCH?

Die Möhren ruck, zuck in der Küchenmaschine raspeln. Dann ist der Salat ebenfalls ganz schnell fertig.

spannend | für Gäste

Salatröllchen mit Tofufüllung

In Vietnam liebt man leckere Zutaten in Reispapierblättern – Glücksrollen genannt. In Salatblätter Gehülltes schmeckt auch super und geht zum Glück viel schneller.

300 g Tofu
4 EL Öl
Salz
50 g Sojasprossen
1 Stück weißer Rettich (etwa 200 g)
2 Zweige Thai-Basilikum
12 feste Salatblätter (Kopfsalat oder Romana)
2 EL Sesamsamen
1 Stück frischer Ingwer (etwa 2 cm)
2 Knoblauchzehen
4 EL Sojasauce
3 EL brauner Reisessig

Für 4 Personen | 30 Min. Zubereitungszeit
Pro Portion ca. 215 kcal, 7 g EW, 18 g F, 7 g KH

1 Den Tofu abtropfen lassen und in lange, etwa ½ cm breite Streifen schneiden. Das Öl in einer Pfanne erhitzen. Die Tofustreifen salzen und im Öl bei starker Hitze 4–5 Min. rundherum braun anbraten.

2 Die Sprossen waschen und abtropfen lassen. Den Rettich schälen, längs in Scheiben und diese quer in feine Streifen schneiden. Das Basilikum waschen und trockenschütteln. Die Blättchen abknipsen und kleiner zupfen.

3 Die Salatblätter waschen und trockenschütteln. Die dicken Mittelrippen flacher schneiden. Die Salatblätter auf der Arbeitsfläche ausbreiten und mit gebratenem Tofu, Sprossen, Rettichstreifen und Basilikum belegen. Die Salatränder nach innen klappen und die Blätter möglichst fest aufrollen. Die Salatröllchen nach Belieben halbieren und auf einer Platte anrichten.

4 Für die Sauce den Sesam in einer Pfanne ohne Fett rösten, bis die Körner zu springen anfangen. Dann im Mörser fein zerstoßen. Den Ingwer und den Knoblauch schälen und fein hacken. Die Sojasauce mit Reisessig verrühren und in vier Schälchen verteilen. Sesam, Ingwer und Knoblauch auf die Sauce streuen. Die Salatröllchen mit der Sauce servieren und darin eintunken.

VARIANTE – CHILI-DIP

2 rote Chilischoten putzen, waschen und mit den Kernen fein hacken. 1 Stück Ingwer (etwa 2 cm) und 2 Knoblauchzehen schälen und fein hacken. Alles mit 4 EL Fischsauce und 2 EL Limettensaft verrühren.

TIPP – GLÜCKLICH ROLLEN

Wollen Sie doch mal Reispapierröllchen (Glücksröllchen) machen? Dafür runde Reispapierblätter nacheinander kurz in kaltes Wasser tauchen, bis sie biegsam werden, und auf einem feuchten Küchentuch auf der Arbeitsfläche ausbreiten. Mit Salatblättern und den übrigen Zutaten belegen und wie beschrieben aufrollen.

preiswert | scharf

Salat aus gebratenem Kohl

½ Weißkohl (etwa 800 g)
3 getrocknete Chilischoten
4 EL neutrales Öl
4 Frühlingszwiebeln
1 Limette
1 EL gesalzene, geröstete Erdnusskerne
2 Knoblauchzehen
Salz
2 TL Zucker
2 EL heller Reisessig
1 EL Sesamöl

Für 4 Personen | 20 Min. Zubereitungszeit
Pro Portion ca. 220 kcal, 4 g EW, 17 g F, 12 g KH

1 Den Weißkohl waschen, putzen und den Strunk entfernen. Die Hälfte noch einmal durchschneiden und in feine Streifen schneiden oder hobeln. Die Chilischoten im Mörser fein zerstoßen. Das Öl im Wok erhitzen, den Kohl darin bei mittlerer Hitze mit Chili unter Rühren in 3–4 Min. bissfest garen.

2 Die Frühlingszwiebeln waschen, putzen und in feine Ringe schneiden. Die Limette waschen, die Hälfte der Schale dünn abschneiden und fein hacken. Die Limette auspressen. Die Erdnusskerne fein hacken. Den Knoblauch schälen und ebenfalls sehr fein hacken.

3 Den Limettensaft mit Salz, Zucker, Reisessig und Sesamöl, Limettenschale und Knoblauch verrühren und unter die Kohlstreifen mischen. Frühlingszwiebeln und Erdnüsse aufstreuen und den Salat lauwarm essen.

kleiner Imbiss oder Vorspeise | erfrischend

Glasnudelsalat mit Zitronenhack

150 g Glasnudeln
2 Möhren (etwa 150 g)
2 zarte Stangen Staudensellerie (etwa 100 g)
1 dünne Stange Lauch
1 rote Chilischote
1 Bio-Zitrone
4 EL Öl
250 g gemischtes Hackfleisch oder Rinderhack
2 EL helle Sojasauce
4 EL Fischsauce
1 TL Zucker

Für 4 Personen | 20 Min. Zubereitungszeit
Pro Portion ca. 415 kcal, 14 g EW, 27 g F, 24 g KH

1 Die Glasnudeln 10 Min. in lauwarmem Wasser einweichen. Die Möhren schälen, Sellerie und Lauch waschen und putzen. Das Gemüse in schmale, etwa 5 cm lange Streifen schneiden.

2 Die Chilischote waschen, putzen und mit den Kernen in feine Ringe schneiden. Die Zitrone waschen, die Hälfte der Schale abschneiden und fein hacken. Den Zitronensaft auspressen. Die Glasnudeln abtropfen lassen und mit der Schere etwas kürzer schneiden.

3 Das Öl in einer Pfanne erhitzen und das Gemüse mit Chili darin unter Rühren etwa 3 Min. braten. Das Hackfleisch mitbraten, bis es krümelig und nicht mehr rot ist. Mit Sojasauce ablöschen. Die Glasnudeln untermischen und erhitzen. Die Fischsauce mit 4 EL Zitronensaft, Zitronenschale sowie Zucker verrühren und unter die Nudeln mischen.

oben: Salat aus gebratenem Kohl | unten: Glasnudelsalat mit Zitronenhack

1

2

3

würzig & erfrischend | schön anzusehen

Tintenfischsalat mit Kräutern und roten Zwiebeln

Ein Tintenfisch-Klassiker aus Thailand: Kräutersatt und herrlich frisch betört er Mund und Nase.

500 g Tintenfischtuben (Kalmare; küchenfertig)
Salz
2 rote Zwiebeln
40 g Kräuterblättchen (Zitronenmelisse, Koriandergrün, Minze und Basilikum)
1 kleine Gurke (etwa 120 g)
2 rote Chilischoten
2 ½ EL Fischsauce
2 ½ EL Limettensaft
2 TL Zucker
1 EL Öl
50 g gesalzene, geröstete Erdnusskerne

Für 4 Personen | 25 Min. Zubereitungszeit
Pro Portion ca. 230 kcal, 23 g EW, 12 g F, 8 g KH

1 Den Tintenfisch waschen, flach auf der Arbeitsfläche ausbreiten und mit einem scharfen Messer rautenförmig einritzen (Bild 1). Den Tintenfisch in etwa 2 cm breite und 6 cm lange Stücke schneiden. Das Wasser mit etwas Salz zum Kochen bringen und den Tintenfisch darin etwa 1 Min. blanchieren. Die Tintenfischstücke in ein Sieb abgießen, mit kaltem Wasser abschrecken und abtropfen lassen.

2 Die Zwiebeln schälen, halbieren und in feine Streifen schneiden. Die Kräuterblättchen kalt abspülen und trockentupfen. Die Gurke waschen, putzen und erst in Scheiben, dann in feine Streifen schneiden. Chilischoten waschen, putzen, halbieren, entkernen (Bild 2) und fein hacken. Die Chilistücke mit Fischsauce, Limettensaft und Zucker verrühren.

3 Den Backofengrill vorheizen. Die Tintenfischstücke salzen, mit dem Öl mischen und in eine ofenfeste Form geben. Den Tintenfisch im Ofen etwa 8 Min. grillen, dabei einmal durchrühren.

4 Inzwischen die Erdnusskerne fein hacken. Den Tintenfisch mit den Zwiebeln, der Gurke und der Sauce mischen. Die Kräuterblättchen unterheben. Mit den Erdnusskernen bestreut lauwarm oder kalt servieren (Bild 3).

TURBO-TIPP

Sie müssen die Tintenfische nicht grillen, sondern können sie auch gleich nach dem Blanchieren mit den übrigen Zutaten mischen. Den Salat lauwarm essen.

TIPP – TINTENFISCH, ABER WELCHER?

Ganz kleine mit Fangarmen, mittelgroße, die man füllen kann oder die ganz großen mit dem dickeren Fleisch? Für diesen Salat eignen sich die großen Tintenfische oder Kalmare am besten, die man im Fischgeschäft als Tuben oder auch schon in Stücke geschnitten bekommt. Küchenfertig heißt, dass die Tintenfische ausgenommen und vom durchsichtigen Fischbein befreit sind und die violette Haut abgezogen wurde.

UND DAZU?

In Asien gibt es den leckeren Salat ohne alles. Sie können aber frisches Weißbrot ebenso gut dazu essen wie knuspriges Krabbenbrot (Krupuk).

fruchtig | für Gäste

Gebratene Garnelen auf Mangosalat

1 Mango (etwa 500 g)
2 Frühlingszwiebeln
6 Stängel Koriandergrün
1 rote Chilischote
1 kleines Stück frischer Ingwer (etwa ½ cm)
3 EL Limettensaft
3 EL Öl
Salz
16 geschälte rohe Garnelen (etwa 300 g)

Für 4 Personen | 20 Min. Zubereitungszeit
Pro Portion ca. 190 kcal, 12 g EW, 10 g F, 12 g KH

1 Die Mango schälen und das Fruchtfleisch in dünnen Schnitzen vom Stein schneiden. Die Frühlingszwiebeln waschen und putzen. Den Koriander waschen und trockenschütteln, die Blättchen abzupfen. Die Chilischote waschen und von Stiel und Kernen befreien. Den Ingwer schälen.

2 Frühlingszwiebeln, Koriander, Chili und Ingwer zusammen sehr fein hacken und mit Limettensaft und 1 EL Öl verrühren, salzen. Die Mangoscheiben dachziegelartig auf Tellern auslegen und mit der pikanten Mischung bestreichen.

3 Die Garnelen vom Darm befreien, waschen und trockentupfen. Das übrige Öl in einer Pfanne erhitzen, und die Garnelen darin bei mittlerer Hitze etwa 2 Min. braten. Die Garnelen salzen, auf dem Mangosalat verteilen und rasch servieren.

aus Japan | frisch & scharf

Sashimi vom Tunfisch

2 Frühlingszwiebeln
1 Stück frischer Ingwer (etwa 2 cm)
80 ml Sojasauce
2 EL Reisessig
½ EL Honig
2 TL scharfer Senf
2 Bund Brunnenkresse
400 g ganz frischer Tunfisch

Für 4 Personen | 15 Min. Zubereitungszeit
Pro Portion ca. 260 kcal, 22 g EW, 16 g F, 7 g KH

1 Die Frühlingszwiebeln waschen, putzen und fein hacken. Den Ingwer schälen und ebenfalls sehr fein hacken.

2 Die Sojasauce mit dem Essig, Honig und Senf verrühren, Frühlingszwiebeln und Ingwer untermischen. Die Brunnenkresse waschen und trockenschütteln, die Blättchen in vier Schälchen verteilen.

3 Den Tunfisch mit einem scharfen Messer in dünne Scheiben schneiden und auf den Kresseblättchen verteilen. Die Sauce darüber träufeln und den Fisch sofort servieren.

TIPP – ANDERE FISCHE

Nicht immer ist jeder Fisch beim Händler so frisch, dass man ihn roh essen kann. Fragen Sie nach und nehmen Sie lieber auch einmal einen anderen Fisch, wenn der Tunfisch besser zum Braten wäre. Gut schmecken auch roher Wolfsbarsch und Lachs.

oben: Sashimi vom Tunfisch | unten: Gebratene Garnelen auf Mangosalat

vegetarisch | sanfte Schärfe

Kürbis-Kokos-Chili-Suppe

Geschmackserlebnis der besonderen Art: Kokosmilch, Zitronengras und Chili adeln den schlichten Gartenkürbis und machen ihn zur Delikatesse.

1 Stück Kürbis (etwa 700 g)
1 Stängel Zitronengras
2 rote Chilischoten
1 Stück frischer Ingwer (etwa 2 cm)
2 TL Koriandersamen
2 EL Öl
½ l Gemüsebrühe
1 Dose Kokosmilch (400 ml)
2 EL Limettensaft
Salz
4 Stängel Koriandergrün

Für 4 Personen | 25 Min. Zubereitungszeit
Pro Portion ca. 325 kcal, 3 g EW, 29 g F, 13 g KH

1 Den Kürbis schälen und die Kerne mit den Fasern entfernen. Das Kürbisfruchtfleisch in Würfel schneiden. Das Zitronengras waschen, putzen und sehr fein hacken. Die Chilischoten waschen, putzen und mit den Kernen in Ringe schneiden. Den Ingwer schälen und fein hacken.

2 Den Koriander in einem Topf ohne Fett anrösten, bis er würzig duftet. In den Mörser geben und grob zerstoßen. Das Öl im Topf erhitzen und den Kürbis mit Zitronengras, Chili und Ingwer darin kurz andünsten.

3 Den Kürbis mit der Brühe und der Kokosmilch aufgießen und zum Kochen bringen. Die Suppe zugedeckt bei mittlerer Hitze etwa 15 Min. köcheln lassen, bis der Kürbis weich ist.

4 Die Suppe mit dem Stabmixer im Topf pürieren, mit Limettensaft und Salz abschmecken. Den Koriander waschen, trockenschütteln und die Blättchen abzupfen. Korianderblättchen mit dem gerösteten Koriander auf die Suppe streuen und servieren.

VARIANTE – KOKOS-LIMETTEN-SUPPE MIT HUHN

400 g Hähnchenbrustfilets in Streifen schneiden und mit 2 EL Fischsauce marinieren. 2 cm frischen Ingwer schälen und in Scheiben schneiden, 2 Stängel Zitronengras waschen, putzen und grob schneiden. Beides mit ½ l Brühe und 400 ml Kokosmilch erhitzen. Mit 4 EL Limettensaft, 2 EL Fischsauce und Zucker abschmecken, eventuell mit etwas Sambal oelek schärfen. Die Hühnerstreifen mit 200 g gewaschenen, halbierten Kirschtomaten in die Suppe geben und 2–3 Min. darin ziehen lassen. Mit Korianderblättern garniert servieren.

TIPP – HÄPPCHENWEISE

Der Kürbis lässt sich leichter schälen, wenn man ihn vorher in Stücke teilt. Die Stücke mit der Schnittfläche aufs Brett legen und die Schale stückchenweise abschneiden.

GUT ZU WISSEN – SCHÄLEN: JA ODER NEIN?

Normalerweise muss Kürbis geschält werden. Mit einer Ausnahme – Hokkaidokürbis ist nicht nur sehr lecker, sondern auch praktisch. Ihn kann man nämlich mit der Schale garen, sie wird so weich, dass man sie mitessen kann. Außerdem gibt es die Sorte das ganze Jahr über im Naturkosthandel zu kaufen.

leichte Suppe zum Einstieg

Süß-saure-scharfe Suppe

10 getrocknete Mu-Err-Pilze | 300 g Hähnchenbrustfilet | 150 g Bambussprossen (Dose)| 2 Chilischoten | 4 Knoblauchzehen | 1 EL Öl | 1 l Hühnerbrühe | 1 EL Zucker | 3 EL Reisessig | 4 EL Sojasauce | Salz

Für 4 Personen | 20 Min. Zubereitungszeit
Pro Portion ca. 170 kcal, 20 g EW, 5 g F, 10 g KH

1 Die Pilze in warmem Wasser 10 Min. einweichen. Hähnchen in dünne Scheiben, Bambus in Streifen schneiden. Chilis waschen, mit den Kernen fein hacken. Knoblauch schälen und in Scheiben schneiden. Pilze abgetropft in Stücke zupfen.

2 Chili und Knoblauch im Öl kurz andünsten. Brühe, Zucker, Essig und Sojasauce dazugeben und erhitzen. Pilze, Bambussprossen und Huhn in die Suppe geben und bei mittlerer Hitze etwa 2 Min. leise köcheln lassen. Die Suppe salzen.

kleiner Imbiss oder Vorspeise

Nudelsuppe mit Spinat und Sesam

200 g Blattspinat | Salz | 125 g schmale japanische Buchweizennudeln | 1 Stange Lauch | 3 EL Sesamsamen | 800 ml Hühner- oder Gemüsebrühe | 4 EL Sojasauce | 1 EL Limettensaft

Für 4 Personen | 20 Min. Zubereitungszeit
Pro Portion ca. 185 kcal, 7 g EW, 5 g F, 28 g KH

1 Den Spinat putzen, waschen und in kochendem Salzwasser zusammenfallen lassen. Aus dem Wasser heben und in einem Sieb abtropfen lassen. Nudeln im Spinatwasser bissfest kochen. Abgießen.

2 Lauch putzen, waschen, in Streifen schneiden. Sesamsamen ohne Fett rösten, bis sie springen. Im Mörser mit etwas Salz zerstoßen. Brühe aufkochen, mit Sojasauce und Limettensaft würzen. Lauch darin 2 Min. bissfest garen. Spinat und Nudeln in der Suppe erwärmen. Mit Sesam bestreuen.

leicht | stärkend

Miso-Suppe mit Pilzen und Tofu

8 getrocknete Shiitake-Pilze | 250 g Tofu | 1 Bund Schnittlauch | ¾ l Instant-Dashi-Brühe (aus dem Asienladen) | 60 g Miso-Paste (aus dem Bio- oder Asienladen)

Für 4 Personen | 25 Min. Zubereitungszeit
Pro Portion ca. 125 kcal, 7 g EW, 6 g F, 9 g KH

1 Die Pilze mit heißem Wasser übergießen und etwa 15 Min. quellen lassen. Den Tofu in gut 1 cm große Würfel schneiden. Den Schnittlauch waschen, trockenschütteln und in 2 cm lange Stücke schneiden. Die Pilze abtropfen lassen, von den Stielen befreien und in feine Streifen schneiden.

2 Die Dashi-Brühe erhitzen, aber nicht kochen lassen. Miso sehr gut unterrühren. Pilze und Tofu in die Brühe geben und 1 Min. darin ziehen lassen. Die Suppe mit dem Schnittlauch bestreut servieren.

Imbiss oder Hauptgericht mit Reis

Rote Linsensuppe mit Ingwer und Fenchel

1 rote Zwiebel | 1 Stück frischer Ingwer (4 cm) | 2 Fenchelknollen | 2 rote Chilischoten | 1 EL Öl | 200 g rote Linsen | 2 TL Currypulver | 1 l Gemüse- oder Hühnerbrühe | 2 Frühlingszwiebeln | Salz

Für 4 Personen | 30 Min. Zubereitungszeit
Pro Portion ca. 260 kcal, 14 g EW, 7 g F, 34 g KH

1 Zwiebel und Ingwer schälen, Fenchel waschen und putzen. Alles fein würfeln. Die Chilischoten waschen, putzen und mit den Kernen in feine Ringe schneiden. Das Öl in einem Topf erhitzen, Zwiebel, Ingwer, Fenchel und Chili darin kurz andünsten. Die Linsen dazugeben. Mit Currypulver bestäuben und kurz mitbraten. Die Brühe angießen und zugedeckt bei mittlerer Hitze in 15 Min. weich kochen.

2 Die Frühlingszwiebeln waschen, putzen, in Ringe schneiden. Suppe salzen, mit Zwiebeln bestreuen.

Nudeln, Reis, Gemüse

Ein bunter Mix aus frischem Gemüse und Kräutern begleitet Reis oder Nudeln. Perfekt dazu: Tofu, die kalorienleichte Eiweißbombe, die würzig mariniert und knusprig gebraten auch eingefleischte Nicht-Vegetarier überzeugt.

Knuspriger Tofu mit Zwiebeln und süßer Chilisauce

4 rote Zwiebeln
600 g Tofu
4 EL Öl
100 ml Gemüse- oder Hühnerbrühe
4 EL Sojasauce
4 EL süße Chilisauce
Salz
Korianderblättchen zum Bestreuen

Für 4 Personen | 20 Min. Zubereitungszeit
Pro Portion ca. 270 kcal, 13 g EW, 20 g F, 9 g KH

1 Die Zwiebeln schälen, halbieren und in Streifen schneiden. Den Tofu abtropfen lassen und in etwa 1 cm große Würfel teilen.

2 Die Hälfte des Öls im Wok oder in einer großen Pfanne erhitzen. Zwiebelstreifen darin unter Rühren etwa 2 Min. braten, an den Rand schieben. Das restliche Öl hineingeben und den Tofu darin in 2–3 Min. knusprig braten, dabei zwischendurch immer wieder wenden.

3 Brühe mit Sojasauce und Chilisauce dazugeben, alles grundlich mischen und mit Salz abschmecken. Mit Korianderblättchen bestreut servieren.

UND DAZU?
Reis oder japanische Buchweizennudeln

VARIANTE
Statt Tofu mal Hähnchen- oder Putenfleischwürfel oder auch Kürbis versuchen.

preiswert | schnell fertig

Gebratener Reis mit Pilzen, Gurke und Ei

Ein Rezept – viele Möglichkeiten: Fast alles lässt sich mit Reis braten – vom Hühnerbrustfilet über Pak choi bis zu Garnelen. Voraussetzung: Der Reis ist vom Vortag!

400 g Pilze (z. B. Egerlinge, Champignons, frische Shiitake-Pilze)
1 Stück Gurke (etwa 350 g)
4 Knoblauchzehen
1 Stück frischer Ingwer (2 cm lang)
½ Bund Koriander
4 Frühlingszwiebeln
6 EL Öl
800 g gegarter Reis vom Vortag (etwa 270 g, ungegart)
4 Eier
4 EL Sojasauce
Salz
Sesamöl zum Beträufeln (nach Belieben)

Für 4 Personen | 20 Min. Zubereitungszeit
Pro Portion ca. 380 kcal, 16 g EW, 8 g F, 60 g KH

1 Die Pilze mit Küchenpapier abreiben, die Stielenden abschneiden (bei Shiitake-Pilzen die Stiele ganz entfernen), Pilze in Scheiben schneiden. Die Gurke schälen, längs halbieren und die Kerne mit einem Teelöffel aus den Hälften kratzen. Die Gurke in etwa ½ cm dicke Scheiben schneiden.

2 Knoblauch und Ingwer schälen und fein hacken. Den Koriander waschen und trockenschütteln, die Blättchen abzupfen und fein hacken. Die Frühlingszwiebeln waschen und putzen, mit dem knackigen Grün in feine Ringe schneiden.

3 4 EL Öl in einer großen Pfanne (oder in zwei Portionen im Wok) erhitzen. Reis einrühren und erst einmal ohne zu rühren 1–2 Min. braten, dann durchrühren und noch 1–2 Min. weiterbraten, bis er knusprig ist. Aus der Pfanne nehmen.

4 Restliches Öl in der Pfanne oder im Wok erhitzen, Pilze und Gurken darin unter Rühren etwa 2 Min. braten. Die Eier mit der Hälfte des Korianders und der Sojasauce verquirlen. Das Gemüse an den Rand schieben, die Eier in die Pfanne gießen und unter Rühren 30 Sek. garen. Reis wieder zugeben, alles gut mischen und mit Salz abschmecken. Den Reis vor dem Servieren mit den Zwiebelringen und dem restlichen Koriander bestreuen. Vor dem Essen nach Belieben mit etwas Sesamöl beträufeln.

TIPP – PERFEKTER REIS

Am Vortag ein Gericht mit Gemüse, Fleisch oder Fisch zubereiten, zu dem Reis am besten schmeckt, und gleich die doppelte Menge Reis kochen. Den übrigen Reis offen im Kühlschrank aufbewahren, so wird er bis zum nächsten Tag schön trocken.

UND DAZU?

Zum knusprigen Reis passt was Frisches am besten. Zum Beispiel ein Gurkensalat, mit Chili geschärft und mit Reisessig und neutralem Öl gemischt oder mit Kokosmilch, Limettensaft und Koriander angemacht.

würzig | interessante Kombination

Buchweizennudeln mit Lachs und Tofu

300 g japanische Buchweizennudeln
Salz
150 g Zuckerschoten
500 g Lachsfilet
250 g Tofu
½ l Hühnerbrühe
abgeriebene Schale von ½ Bio-Limette
3 EL Sojasauce
1 EL Wasabi-Paste
½ Bund Schnittlauch

Für 4 Personen | 20 Min. Zubereitungszeit
Pro Portion ca. 610 kcal, 47 g EW, 23 g F, 76 g KH

1 Für die Nudeln in einem Topf reichlich Wasser zum Kochen bringen und salzen. Die Zuckerschoten waschen und putzen. Lachs und Tofu in etwa 1 cm große Würfel schneiden.

2 Die Buchweizennudeln im Salzwasser nach Packungsanweisung bissfest kochen und in ein Sieb abgießen. Die Hühnerbrühe zum Kochen bringen und die Zuckerschoten darin in 2–3 Min. bissfest kochen.

3 Die Hühnerbrühe mit Limettenschale, Sojasauce und Wasabi abschmecken, eventuell leicht salzen. Lachs und Tofu einlegen, 1 Min. ziehen lassen.

4 Den Schnittlauch waschen, trockenschütteln und in 1–2 cm lange Stücke schneiden. Die Nudeln in den Topf geben und mit Lachs und Tofu mischen. Das Gericht mit Salz abschmecken und mit Schnittlauch bestreuen.

preiswert | besonders einfach zu machen

Eiernudeln mit scharfem Hack

1 große rote Zwiebel
4 Knoblauchzehen
1 Stück frischer Ingwer (etwa 4 cm)
400 g Mie-Nudeln (chinesische Eiernudeln)
Salz
2 EL Öl
500 g Schweinehackfleisch
4 TL Sambal oelek oder rote Currypaste
2 EL Kecap manis (süße Sojasauce)
½ Bund Koriandergrün

Für 4 Personen | 15 Min. Zubereitungszeit
Pro Portion ca. 555 kcal, 41 g EW, 12 g F, 74 g KH

1 Zwiebel, Knoblauch und Ingwer schälen und in sehr feine Würfel schneiden. Für die Nudeln in einem Topf reichlich Wasser zum Kochen bringen und salzen. Die Nudeln darin bissfest kochen und abgießen.

2 Das Öl in Wok oder Pfanne erhitzen. Zwiebel, Knoblauch und Ingwer im Öl andünsten. Das Hack mitbraten, bis es krümelig ist. Sambal oelek oder rote Currypaste untermischen und mit Kecap manis und Salz abschmecken.

3 Den Koriander waschen und trockenschütteln, die Blättchen abzupfen und fein hacken. Gut die Hälfte des Korianders unter das Hack rühren. Die Nudeln ebenfalls untermischen und den übrigen Koriander darüber streuen.

oben: Eiernudeln mit scharfem Hack | unten: Buchweizennudeln mit Lachs und Tofu

mild-würzig | preiswert

Gebratene Nudeln mit Huhn und Bambus

Wer einmal weiß, wie's geht, kann gebratene Nudeln auf vielerlei Arten abwandeln. Das Geheimnis: Geduld beim Braten und erstmal nicht rühren.

300 g Mie-Nudeln (chinesische Eiernudeln) | Salz | 200 g Bambussprossen (aus Dose oder Glas) | 1 Stück frischer Ingwer (etwa 2 cm) | 8 Kirschtomaten | 400 g Hähnchenbrustfilets | 6 EL Öl | 100 g TK-Erbsen | 2 ½ EL Kecap manis (süße Sojasauce) | 4 EL Sojasauce | 1 Bund Schnittlauch

Für 4 Personen | 20 Min. Zubereitungszeit
Pro Portion ca. 565 kcal, 36 g EW, 21 g F, 58 g KH

1 Für die Nudeln in einem großen Topf Wasser zum Kochen bringen, salzen. Nudeln darin nach Packungsangabe bissfest kochen. In ein Sieb abgießen und gut abtropfen lassen.

2 Die Bambussprossen abtropfen lassen. Falls die Streifen sehr breit sind, längs halbieren oder vierteln. Ingwer schälen und fein hacken. Tomaten waschen und vierteln, dabei den Stielansatz entfernen. Das Hähnchenfleisch in dünne Streifen schneiden.

3 In einer großen Pfanne 4 EL Öl erhitzen. Die Nudeln darin verteilen und 2 Min. braten, ohne umzurühren. Umdrehen und kurz weiterbraten, dann auf einen Teller geben und zugedeckt warm halten.

4 Das übrige Öl in der Pfanne erhitzen. Das Hühnerfleisch mit Ingwer, Bambus und Erbsen hineingeben und unter Rühren etwa 2 Min. braten, bis das Fleisch gleichmäßig weiß ist.

5 Die beiden Sojasaucen verrühren und mit den Tomaten in die Pfanne geben und untermischen. Die Nudeln unterrühren und mit Salz abschmecken. Den Schnittlauch waschen, trockenschütteln und in etwa 2 cm lange Stücke schneiden. Vor dem Servieren über die Nudeln streuen.

Pasta asiatisch | anregende Schärfe

Reisnudeln mit scharfem Brokkoli

400 g Brokkoliröschen | Salz | 250 g breite Reisnudeln | 400 g Schweine- oder Rinderlende | 4 EL Fischsauce | 2 Zwiebeln | 2 rote Chilischoten | 4 EL Öl | 2 EL Reisessig | 1 EL Zucker

Für 4 Personen | 20 Min. Zubereitungszeit
Pro Portion ca. 540 kcal, 34 g EW, 21 g F, 55 g KH

1 Brokkoli in kochendem Salzwasser 1 Min. vorgaren. Herausheben, abschrecken. Reisnudeln im Kochwasser 4 Min. garen, abgießen und abschrecken.

2 Fleisch in Streifen schneiden, mit 1 EL Fischsauce mischen. Zwiebeln schälen, halbieren und in breite Streifen schneiden. Chilis waschen, putzen, in feine Ringe schneiden. Zwiebeln mit Fleisch und Chilis im Öl 1–2 Min. braten. Brokkoli 2 Min. mitbraten. Essig mit übriger Fischsauce und Zucker verrühren, mit den Nudeln untermischen und erhitzen.

für Gäste | frisch-pfeffrig

Eiernudeln mit Koriander-Garnelen

300 g Mie-Nudeln (chin. Eiernudeln) | Salz | 1 Bund Koriander | 1 Stück Ingwer (etwa 3 cm) | 2 Knoblauchzehen | ½ Bio-Limette | (Sichuan-) Pfeffer | 400 g geschälte rohe Garnelen | 2 EL Öl

Für 4 Personen | 20 Min. Zubereitungszeit
Pro Portion ca. 400 kcal, 27 g EW, 10 g F, 54 g KH

1 Für die Nudeln in einem Topf Wasser zum Kochen bringen, salzen. Nudeln darin nach Packungsangabe garen, abgießen. Koriander waschen, fein hacken. Ingwer und Knoblauch schälen und fein hacken. Limette waschen und Schale fein abreiben. Alles mischen, salzen und pfeffern.

2 Die Garnelen vom Darm befreien, waschen und längs halbieren. Im Öl bei mittlerer Hitze pro Seite 1 Min. braten. Koriandermischung unterrühren und kurz weitererhitzen. Nudeln mit Garnelen mischen.

würzig | knackig-grün

Tofu mit Zuckerschoten und Currysauce

600 g Tofu
3 EL Sojasauce
250 g Zuckerschoten
Salz
1 Stück frischer Ingwer (etwa 3 cm)
1 EL Öl
3 TL rote Thai-Currypaste
150 ml Gemüsebrühe
100 ml Kokosmilch
1 EL Limettensaft
2 Frühlingszwiebeln

Für 4 Personen | 25 Min. Zubereitungszeit
Pro Portion ca. 275 kcal, 28 g EW, 18 g F, 40 g KH

1 Den Tofu in gut 1 cm große Würfel schneiden und mit der Sojasauce mischen. Zuckerschoten waschen und putzen. In einem Topf Salzwasser zum Kochen bringen und die Zuckerschoten darin etwa 2 Min. blanchieren. In ein Sieb abgießen, abschrecken, abtropfen lassen und leicht schräg in etwa 3 cm lange Stücke schneiden.

2 Den Ingwer schälen und fein hacken. Das Öl in Wok oder Pfanne erhitzen und den Ingwer darin andünsten. Currypaste dazugeben und kurz braten. Tofu gut unterrühren, dann Brühe und Kokosmilch dazugießen. Aufkochen und 5 Min. leise köcheln lassen. Mit Limettensaft und Salz abschmecken, Zuckerschoten unterrühren und erwärmen.

3 Die Frühlingszwiebeln waschen, putzen und mit dem Grün in feine Ringe schneiden. Vor dem Servieren auf den Tofu streuen.

farbenprächtig | nussig

Gedämpfter Tofu auf Gemüse

600 g Tofu
4 EL helle Sojasauce
1 Pak choi (ersatzweise Chinakohl; etwa 250 g)
1 Stange Lauch
1 dicke Möhre
Salz
(Sichuan-)Pfeffer, frisch gemahlen
100 g gesalzene, geröstete Erdnusskerne
1 getrocknete Chilischote
4 EL heller Reisessig
1 EL Sesamöl
2 TL Zucker

Für 4 Personen | 25 Min. Zubereitungszeit
Pro Portion ca. 335 kcal, 20 g EW, 23 g F, 12 g KH

1 Tofu in dünne Scheiben schneiden, auf einen Teller legen und mit der Sojasauce beträufeln. Pak choi und Lauch putzen und waschen. Die Möhre schälen. Das Gemüse in feine Streifen schneiden.

2 Im Wok oder in einem Topf etwas Wasser zum Kochen bringen. Das Gemüse mischen, mit Salz und Pfeffer würzen und im Dämpfeinsatz verteilen. Die Tofuscheiben darauf legen. Den Dämpfeinsatz in den Wok oder Topf stellen und das Gemüse mit Tofu zugedeckt bei starker Hitze 8 Min. dämpfen.

3 Die Erdnusskerne mit der Chilischote mittelfein hacken. Den Reisessig mit Sesamöl und Zucker verrühren. Die übrige Sojasauce vom Tofumarinieren untermischen. Tofuscheiben und Gemüse anrichten, mit Essigsauce beträufeln und mit Erdnüssen bestreuen.

oben: Tofu mit Zuckerschoten und Currysauce | unten: Gedämpfter Tofu auf Gemüse

vegetarisch | scharf-würzig

Buntes Gemüse mit scharfen Cashews

Vitaminreich, farbenprächtig und voller Geschmack – so gelingt Gemüse im Wok in wenigen Minuten. Abwandlung erlaubt!

2 Möhren
1 rote Paprikaschote
200 g Zuckerschoten
250 g kleine Brokkoliröschen
150 g kleine Maiskölbchen (frisch oder aus der Dose)
100 g Bambussprossen
4 EL Öl
100 g Cashewnusskerne
1 TL Chilipulver
Salz
6 EL Sojasauce
2 EL Kecap manis (süße Sojasauce)
⅛ l Gemüsebrühe oder Wasser

Für 4 Personen | 25 Min. Zubereitungszeit
Pro Portion ca. 370 kcal, 22 g EW, 25 g F, 44 g KH

1 Die Möhren schälen und in knapp 1 cm dicke Scheiben, dann in ebenso breite Streifen schneiden. Die Paprika halbieren, Stiel und Trennhäute entfernen, Paprika waschen und in Streifen schneiden. Zuckerschoten, Brokkoli und Maiskölbchen waschen und putzen. Die Maiskölbchen längs halbieren. Die Bambussprossen abtropfen lassen.

2 Im Wok oder einer großen Pfanne 2 EL Öl erhitzen und die Cashewnusskerne darin unter Rühren goldgelb rösten. Mit Chilipulver und Salz würzen, kurz weiterbraten, dann herausnehmen.

3 Das restliche Öl in den Wok geben. Möhren, Zuckerschoten, Brokkoliröschen und frische Maiskölbchen hineingeben und unter Rühren 2–3 Min. braten. Das restliche Gemüse (auch die Maiskölbchen aus der Dose) dazugeben und weitere 2–3 Min. braten.

4 Sojasauce mit Kecap manis und Brühe verrühren und angießen. Das Gemüse zugedeckt noch 1 Min. ziehen lassen, dann mit Salz abschmecken und mit den Cashewkernen bestreut servieren.

UND DAZU?

Reis und (japanisches) Bier

VARIANTE – GEMÜSE IN KOKOS-CHILI-SAUCE

800 g gemischtes Gemüse (Brokkoli, Möhren, Lauch, Pilze und Mangold) waschen, putzen und in dickere Streifen oder in kleine Stücke schneiden. Die härteren Gemüse in 4 EL Öl etwa 2 Min. anbraten, die übrigen Gemüse mit 100 g halbierten Maiskölbchen und 100 g Bambussprossen dazugeben und kurz anbraten.
1 EL rote Currypaste untermischen und kurz mitbraten. 400 ml Kokosmilch dazugießen, mit 4 EL Fischsauce, 4 EL Limettensaft und 2 TL Zucker abschmecken und bei schwacher Hitze noch 3–4 Min. garen, bis die Gemüse bissfest sind. Mit Reis servieren.

TIPP – SCHARFER KNABBERSPASS

Gleich eine größere Menge Cashewkerne braten und mit Chili würzen. Abgekühlt als Knabberei zum Bier oder Wein genießen.

sieht gut aus | preiswert

Würzige Auberginen mit Schweinehack

Gemüsegenuss aus dem Reich der Mitte – Chili, Ingwer und Knoblauch geben Pepp, Schweinehack macht die Mischung wunderbar saftig.

1 Stange Lauch
4 Knoblauchzehen
1 Stück frischer Ingwer (etwa 2 cm)
2 rote Chilischoten
2 Auberginen (etwa 500 g)
5 EL Öl
300 g Schweinehackfleisch
3 EL Reiswein
5 EL hellere Sojasauce
150 ml Asiafond (aus dem Glas)
Salz

Für 4 Personen | 20 Min. Zubereitungszeit
Pro Portion ca. 341 kcal, 16 g EW, 26 g F, 8 g KH

1 Den Lauch putzen, längs aufschlitzen und unter fließendem kaltem Wasser auch zwischen den Blättern gründlich waschen. Abtropfen lassen und in feine Ringe schneiden. Den Knoblauch schälen und in feine Scheiben schneiden, Ingwer schälen und hacken. Die Chilischoten waschen, die Stielansätze abschneiden und die Schoten mit den Kernen fein hacken. Die Auberginen waschen, putzen und in 1 cm große Würfel schneiden.

2 Das Öl im Wok oder in einer großen Pfanne erhitzen, die Auberginenwürfel darin unter Rühren bei mittlerer Hitze etwa 5 Min. rundum gut braten. Lauch, Ingwer, Chili, Knoblauch und das Schweinehack untermischen und braten, bis das Hack nicht mehr rötlich ist.

3 Den Reiswein mit der Sojasauce und dem Asiafond verrühren, zu den Auberginen gießen und kräftig aufkochen lassen. Mit Salz abschmecken und servieren.

UND DAZU?

Reis oder auch asiatische Eiernudeln

VARIANTE – FRITTIERTE GEFÜLLTE AUBERGINEN

Die Auberginen in knapp 1 cm dicke Scheiben schneiden. 400 g Schweinehack mit Lauch, Chili, gehacktem Knoblauch und Ingwer mischen, mit 3 EL heller Sojasauce und etwas Sesamöl würzen und gut verkneten. Zwischen zwei Auberginenscheiben jeweils etwas Hackmasse verteilen. 2 Eier mit 1 ½ EL Speisestärke verrühren, die Auberginenscheiben gut zusammendrücken und durch den Eierteig ziehen. In heißem Frittierfett oder Öl knusprig ausbacken. Auf Küchenpapier abfetten lassen und heiß servieren.

TIPPS – MEHR SAUCE & WENIGER FETT

Für mehr Sauce die doppelte Menge Asiafond verwenden. Dann 1 TL Speisestärke in wenig kaltem Wasser anrühren und untermischen. Die Sauce einmal aufkochen lassen und abschmecken.
Auberginen saugen viel Fett auf. Etwas weniger braucht man, wenn man sie sehr gut trockentupft und bei mittlerer und nicht bei ganz starker Hitze brät. Und immer rühren, damit nichts ansetzt.

vegetarisch | würzig | frisch

Kartoffelcurry mit Tomaten

800 g fest kochende Kartoffeln
2 Zwiebeln
2 Knoblauchzehen
1 Stück frischer Ingwer (etwa 1 cm)
1 rote Chilischote
2 EL Öl oder Butterschmalz
3 TL Currypulver
Salz
150 g Kirschtomaten
100 g Joghurt
1 Prise Zimtpulver

Für 4 Personen | 30 Min. Zubereitungszeit
Pro Portion ca. 220 kcal, 5 g EW, 7 g F, 32 g KH

1 Die Kartoffeln schälen, waschen und achteln. Zwiebeln, Knoblauch und Ingwer schälen, Zwiebeln halbieren und in breite Streifen schneiden, Knoblauch und Ingwer hacken. Chilischote waschen, putzen und in feine Ringe schneiden.

2 Das Öl oder Butterschmalz in einer großen Pfanne erhitzen. Die Kartoffeln mit Zwiebeln, Knoblauch, Ingwer und Chili darin andünsten. Mit dem Currypulver bestäuben. Etwa 400 ml Wasser dazugießen und salzen. Das Curry zugedeckt bei schwacher Hitze etwa 15 Min. schmoren, bis die Kartoffeln weich sind. Falls nötig, noch etwas Wasser angießen.

3 Die Tomaten waschen und halbieren. Mit Joghurt und Zimt unter das Curry mischen und erwärmen, abschmecken und servieren.

mild | preiswert

Spinat in Kardamomsahne

600 g Blattspinat
Salz
2 größere Zwiebeln
10 grüne Kardamomkapseln
1 Stück frischer Ingwer (etwa 2 cm)
3 EL Butterschmalz
150 g Sahne
2 TL Zitronensaft

Für 4 Personen | 20 Min. Zubereitungszeit
Pro Portion ca. 210 kcal, 4 g EW, 20 g F, 3 g KH

1 Den Spinat putzen und gründlich waschen. In kochendem Salzwasser in 1–2 Min. zusammenfallen lassen. Abschrecken und abtropfen lassen. Die Zwiebeln schälen, halbieren und in Streifen schneiden. Die Samen aus den Kardamomkapseln herauslösen und in einer Pfanne ohne Fett etwa 1 Min. anrösten. Im Mörser so fein wie möglich zerstoßen. Den Ingwer schälen, fein hacken.

2 2 EL Butterschmalz in einer Pfanne erhitzen. Die Zwiebelstreifen darin bei schwacher Hitze etwa 8 Min. garen, bis sie leicht knusprig werden. Häufig durchrühren und auf einem Teller beiseite stellen.

3 Das übrige Butterschmalz in der Pfanne erhitzen. Ingwer und Kardamom darin anbraten. Sahne angießen und leicht cremig einkochen lassen. Den Spinat untermischen und erhitzen. Mit Salz und Zitronensaft würzen und mit Röstzwiebeln bestreuen.

UND DAZU?

Indisches Fladenbrot (vom Asienladen) oder Safranreis

oben: Spinat in Kardamomsahne | unten: Kartoffelcurry mit Tomaten

Fleisch und Fisch

Mundgerecht geschnippelt, von raffinierten Aromen begleitet und vor allem im Nu zubereitet – Asiens Fleisch- und Fischgerichte machen einfach Laune. Erst recht, wenn dann noch frische Farbe ins Spiel kommt wie bei diesem Hühnchengericht.

Huhn mit Paprika und Erdnüssen

700 g Hähnchenbrustfilet
2 TL Speisestärke
je 1 rote und gelbe Paprikaschote
6 getrocknete Chilischoten
5 EL Sojasauce
5 EL Reiswein
2 EL dunkler Reisessig
3 TL Zucker
5 EL Öl
125 g Erdnusskerne
Salz
Korianderblättchen zum Bestreuen

Für 4 Personen | 25 Min. Zubereitungszeit
Pro Portion ca. 570 kcal, 50 g EW, 32 g F, 13 g KH

1 Das Hähnchenfleisch in 1 cm große Würfel schneiden und mit der Speisestärke mischen. Die Paprikaschoten waschen, putzen und in Rauten oder Würfel schneiden. Die Chilischoten im Mörser zerstoßen. Die Sojasauce mit dem Reiswein, dem Essig, dem Zucker und 75 ml Wasser verrühren.

2 Das Öl im Wok oder einer großen Pfanne erhitzen. Die Erdnusskerne darin unter Rühren etwa 1 Min. braten, herausnehmen. Paprika mit Chili im Öl bei starker Hitze etwa 1 Min. braten, an den Rand schieben. Das Hühnerfleisch unter Rühren 2–3 Min. braten, bis es nicht mehr rosa ist. Mit der Sauce ablöschen und einmal gut aufkochen. Die Nüsse untermischen und heiß werden lassen. Das Huhn mit Salz abschmecken und mit Koriander bestreuen.

UND DAZU?
Reis und ein kühles Bier

leicht & frisch

Zitronenhuhn mit Honig

700 g Hähnchenbrustfilet
1 Bio-Zitrone
4 Knoblauchzehen
4 EL Öl
1 Sternanis
1 Stück Zimtstange (3–4 cm)
6 EL Reiswein
6 EL Sojasauce
100 ml Hühnerbrühe
2 EL Honig
Salz
Korianderblättchen zum Bestreuen

Für 4 Personen | 20 Min. Zubereitungszeit
Pro Portion ca. 370 kcal, 42 g EW, 14 g F, 14 g KH

1 Das Hähnchenbrustfilet in feine Scheiben schneiden. Die Zitrone waschen und mit der Schale ebenfalls in dünne Scheiben schneiden, Kerne entfernen. Den Knoblauch schälen und fein hacken.

2 Das Öl im Wok oder einer Pfanne erhitzen und Sternanis mit Zimt darin anbraten. Das Fleisch mit Knoblauch und Zitronenscheiben dazugeben und unter Rühren bei starker Hitze etwa 2 Min. braten, bis das Fleisch nicht mehr rosa ist.

3 Den Reiswein mit Sojasauce, Brühe und Honig verrühren und zum Fleisch gießen. Einmal kräftig aufkochen lassen. Die Sauce mit Salz abschmecken. Vor dem Servieren Sternanis und Zimt entfernen und das Zitronenhuhn mit Koriander bestreuen.

UND DAZU?
Duftreis oder asiatische Eiernudeln

cremig & würzig

Pute mit Erdnuss-Sauce

250 g Zuckerschoten
Salz
700 g Putenbrustfilets
125 g gesalzene geröstete Erdnusskerne
200 ml Kokosmilch
3 TL Sambal oelek
2 TL Zucker
1 ½ EL Kecap manis (süße Sojasauce)
1 ½ EL Limettensaft
2 EL Öl
4 Stängel Thaibasilikum

Für 4 Personen | 20 Min. Zubereitungszeit
Pro Portion ca. 595 kcal, 64 g EW, 36 g F, 39 g KH

1 In einem Topf gesalzenes Wasser zum Kochen bringen. Die Zuckerschoten waschen und putzen und im Salzwasser in 2–3 Min. bissfest garen. In ein Sieb abgießen, abschrecken und abtropfen lassen.

2 Das Putenfleisch in dünne Scheiben schneiden. Die Erdnusskerne reiben oder im Blitzhacker zerkleinern und mit Kokosmilch, 100 ml Wasser, Sambal oelek, Zucker, Kecap manis und Limettensaft verrühren. Mit Salz und eventuell noch mehr Sambal oelek abschmecken.

3 Das Öl in einer Pfanne erhitzen. Die Fleischscheiben im Öl unter Rühren bei starker Hitze etwa 2 Min. braten, bis sie gleichmäßig hell sind. Die Zuckerschoten kurz mitbraten. Die Erdnuss-Sauce angießen und einmal kräftig aufkochen lassen. Das Thaibasilikum waschen, trockenschütteln, die Blättchen abnehmen und etwas kleiner zupfen. Sauce abschmecken und das Basilikum darüber streuen.

oben: Zitronenhuhn mit Honig | unten: Pute mit Erdnuss-Sauce

edles Gästeessen

Ente mit Passionsfruchtsauce

Asiatische Küche muss nicht immer ganz typisch sein. Erlaubt sind auch mal Mischungen mit Zutaten aus verschiedenen Ländern. Überzeugen Sie sich!

2 Entenbrüste mit Haut (je etwa 320 g)
1 Stück frischer Ingwer (etwa 4 cm)
50 ml Reiswein
1/8 l Sojasauce
4 Passionsfrüchte (Maracujas)
1 Bio-Limette
2 TL Harissa oder Sambal oelek
2 TL Zucker
Salz

Für 4 Personen | 25 Min. Zubereitungszeit
Pro Portion ca. 410 kcal, 31 g EW, 28 g F, 8 g KH

1 Die Entenbrüste auf der Hautseite mit einem scharfen Messer rautenförmig einschneiden. Den Ingwer schälen und erst in Scheiben, dann in feine Streifen schneiden.

2 Eine kleinere hohe Pfanne heiß werden lassen. Die Entenbrüste mit der Haut nach unten hineinlegen und und bei starker Hitze in 2–3 Min. kräftig anbraten. Den Reiswein mit der Sojasauce und dem Ingwer verrühren und über die Entenbrüste gießen. Zugedeckt bei schwacher Hitze etwa 5 Min. garen, dann die Entenbrüste umdrehen und weitere 5 Min. garen.

3 Inzwischen die Passionsfrüchte quer halbieren und das Fruchtmark mit den Kernen herauslöffeln. Die Limette heiß waschen, abtrocknen, die Schale fein abreiben, den Saft auspressen.

4 Die Entenbrüste in Alufolie wickeln und etwa 5 Min. ruhen lassen. So verteilt sich der Fleischsaft im Inneren des Entenfleisches und läuft beim Aufschneiden nicht so aus.

5 Die Passionsfrüchte mit der Limettenschale und 2 EL Limettensaft in die Pfanne geben, bei schwacher Hitze erwärmen und mit Harissa, Zucker und Salz abschmecken.

6 Die Entenbrüste aus der Folie wickeln und in dünne Scheiben schneiden. Auf einer vorgewärmten Platte anrichten und mit der Sauce begießen.

UND DAZU?
Reis oder Reisnudeln

WENIGER LEUTE AM TISCH?
Für 2: Nur 1 Entenbrust, aber genauso viel Sauce machen.

VARIANTE – ENTE MIT LAUCH UND ANANAS
2 Entenbrüste ohne Haut in Streifen schneiden. 1 EL Speisestärke und 2 EL Reiswein verrühren und das Fleisch damit mischen. 2 Stangen Lauch putzen, waschen, quer in gut 1 cm breite Streifen schneiden. 2 cm Ingwer schälen und fein hacken. 200 g Ananasscheiben (aus der Dose, ohne Zucker eingemacht) abtropfen lassen, in Stücke schneiden und den Saft auffangen. Lauch und Ingwer in 4 EL Öl etwa 2 Min. braten, die Entenstreifen untermischen und 2 Min. mitbraten. Ananas, 4 EL Ananassaft und 2 EL Sojasauce dazugeben und erhitzen. Mit Salz abschmecken und mit gemahlenem Sichuan- oder Bergpfeffer bestreuen.

farbenprächtig | süßscharf

Lammfleisch in Chili-Karamell

2 rote Zwiebeln | 700 g Lammfilet | 4 EL Öl | 3 EL brauner Zucker | 6 getrocknete Chilischoten | 150 ml Hühnerbrühe | 50 ml Reiswein | 2 EL Zitronensaft | Salz | 175 g Mandarinenfilets (aus Dose)

Für 4 Personen | 15 Min. Zubereitungszeit
Pro Portion ca. 365 kcal, 36 g EW, 18 g F, 13 g KH

1 Zwiebeln schälen, halbieren und in ½ cm breite Streifen schneiden. Fleisch in Streifen schneiden und in 3 EL Öl in Pfanne oder Wok portionsweise 1–2 Min. braten, herausnehmen. Zwiebeln im übrigen Öl 1 Min. braten, herausnehmen.

2 Zucker in Wok oder Pfanne schmelzen lassen. Chilis im Mörser zerstoßen, dazugeben. Brühe und Reiswein angießen, kräftig aufkochen. Mit Zitronensaft und Salz würzen. Fleisch und Zwiebeln zugeben. Mandarinen mit 4 EL Saft untermischen, erwärmen.

schnell | superaromatisch

Rindfleisch mit Austernsauce

500 g Rinderlende | 2 EL Reiswein | je 1 grüne und rote Paprikaschote | 2 Zwiebeln | 1 Stück frischer Ingwer (2 cm) | 2 Knoblauchzehen | 4 EL Öl | 2 EL Sojasauce | 4 EL Austernsauce | 1 TL Zucker | Salz

Für 4 Personen | 20 Min. Zubereitungszeit
Pro Portion ca. 320 kcal, 30 g EW, 18 g F, 9 g KH

1 Das Fleisch in schmale Streifen schneiden, mit dem Reiswein mischen. Paprika waschen, putzen, in Rauten schneiden. Zwiebeln schälen, halbieren und in Streifen schneiden. Den Ingwer und den Knoblauch schälen und fein hacken.

2 Öl in Wok oder Pfanne erhitzen und das Fleisch darin 1–2 Min. kräftig anbraten. Fleisch rausnehmen und Paprika, Zwiebeln, Ingwer und Knoblauch 3–4 Min. braten. Sojasauce mit Austernsauce und Zucker dazugeben, salzen. Fleisch untermischen.

limetten-frisch | wasabi-scharf

Limetten-Hackbällchen mit Wasabi-Dip

Wunderbar aromatisch und schön leicht werden die Bällchen über heißem Dampf. Wer's lieber knusprig-kross mag, kann sie aber auch braten.

½ kleine Stange Lauch | 2 Knoblauchzehen | 1 Bio-Limette | 600 g Rinderhackfleisch | 10 EL Sojasauce | 2 Eier (Größe M) | Salz | japan. Bergpfeffer | Salatblätter für den Dämpfkorb | 1 Stück frischer Ingwer (etwa 4 cm) | 1 EL Wasabi-Paste

Für 4 Personen | 25 Min. Zubereitungszeit
Pro Portion ca. 410 kcal, 40 g EW, 25 g F, 5 g KH

1 Den Lauch waschen, putzen und ganz klein schneiden. Knoblauch schälen und fein hacken. Die Limette heiß waschen, abtrocknen und die Schale fein abreiben.

2 Das Hackfleisch mit Lauch, Knoblauch, Limettenschale, 2 EL Sojasauce, Eiern, Salz und Pfeffer in eine Schüssel geben und solange kräftig durchkneten, bis ein gebundener Teig entstanden ist. Zu gut walnussgroßen Bällchen formen.

3 Die Salatblätter waschen und den Dämpfeinsatz damit auskleiden. Die Hackbällchen darauf verteilen. Im Wok oder Topf Wasser zum Kochen bringen. Die Hackbällchen im Einsatz hineinstellen und über dem heißen Dampf zugedeckt etwa 8 Min. dämpfen.

4 Inzwischen für den Dip die Limette auspressen. Den Ingwer schälen und sehr fein hacken oder reiben. Den Ingwer mit etwa 4 EL Limettensaft, der übrigen Sojasauce und der Wasabi-Paste gut verrühren und den Dip auf vier Schälchen verteilen. Die Hackbällchen mit dem Dip servieren.

UND DAZU?

Reis oder Reisnudeln (Hackbällchen darauf anrichten und mit Dip beträufeln)

sieht gut aus | frisch-würzig

Schweinefleisch mit Spargel und Zitronengras

Fleisch mit würzigen Zutaten und knackigem Gemüse – zusammen im Wok gegart, ist es der Turbo-Hit aus der Asiaküche.

2 Stängel Zitronengras
4 Knoblauchzehen
2 EL Fischsauce
2 EL Limettensaft
½ TL Sambal oelek
Salz
600 g Schweinelende oder -filet
400 g grüner Spargel
100 g Kirschtomaten
2 EL Öl
2 EL Kecap manis (süße Sojasauce)

Für 4 Personen | 20 Min. Zubereitungszeit
Pro Portion ca. 255 kcal, 35 g EW, 10 g F, 6 g KH

1 Das Zitronengras waschen, putzen, längs vierteln und fein schneiden. Die Knoblauchzehen schälen und grob hacken. Zitronengras und Knoblauch im Mörser fein zerstoßen, mit Fischsauce, Limettensaft, Sambal oelek und Salz verrühren.

2 Fleisch in feine Streifen schneiden und mit der Paste mischen. Spargel waschen und die Enden großzügig abschneiden. Spargel leicht schräg in etwa 2 cm lange Stücke schneiden. Die Kirschtomaten waschen und halbieren.

3 Das Öl im Wok oder in einer Pfanne erhitzen. Den Spargel darin unter Rühren etwa 2 Min. braten. Das Fleisch dazugeben und alles weitere 2 Min. braten. Kecap manis mit 100 ml Wasser dazugeben, Tomaten unterrühren und erwärmen. Salzen.

VARIANTE – SCHWEINEFLEISCH MIT PILZEN UND THAI-BASILIKUM

600 g Schweinelende oder -filet in Streifen schneiden. 250 g Austernpilze oder Champignons putzen und in Streifen oder Scheiben schneiden. 2 Knoblauchzehen und 2 cm frischen Ingwer schälen und fein hacken. ½ Bund Thai-Basilikum waschen, trockenschütteln und die Blättchen abzupfen. Das Fleisch in 2 EL Öl 1 Min. braten, an den Rand schieben. Die Pilze mit Ingwer und Knoblauch unter Rühren 1–2 Min. braten, dann die Basilikumblättchen unterrühren und zusammenfallen lassen. 50 ml Fleisch- oder Hühnerbrühe angießen, mit 4 EL heller Sojasauce und 1 EL Limettensaft abschmecken, nach Belieben noch leicht salzen.

UND DAZU?

Reis oder Reisnudeln und Sojasauce

TIPP – ZART STATT HART

Auch klein geschnitten bleibt das Zitronengras etwas hart, deshalb immer wirklich fein schneiden. Oder die Stange in größere Stücke schneiden und mit einem Stößel oder einem anderen schwereren Gegenstand platt klopfen. Die Stücke nach dem Garen herausfischen.

TIPP – QUERSCHNITT

Fleisch in Streifen schneiden wie ein Profi: erst quer zur Faser in dünne Scheiben und diese dann in Streifen schneiden.

für Gäste | fruchtig-scharf

Fisch-Gemüse-Tempura mit Aprikosen-Chutney

Indisches Blitz-Chutney trifft japanische Frittierkunst – eine gelungene Fusion. Ihre Gäste werden Augen machen.

1 Stück frischer Ingwer (etwa 3 cm)
1 rote Chilischote
400 g Aprikosenhälften (aus der Dose)
50 g Zucker
2 EL Reisessig
Salz
150 g Tempuramehl (aus dem Asienladen)
600 g Tunfisch-, Seeteufel- oder Heilbuttfilet
200 g Brokkoliröschen
200 g kleine Champignons
3/4 l Öl zum Frittieren

Für 4 Personen | 30 Min. Zubereitungszeit
Pro Portion ca. 875 kcal, 38 g EW, 49 g F, 71 g KH

1 Den Ingwer schälen und fein hacken. Die Chilischote waschen, putzen und mit den Kernen in feine Ringe schneiden. Die Aprikosenhälften abtropfen lassen, klein schneiden und mit Ingwer, Chili, Zucker und Essig in einem Topf erhitzen. Das Chutney 5–8 Min. bei mittlerer Hitze offen köcheln lassen. Mit dem Kartoffelstampfer leicht zerdrücken, mit Salz abschmecken und abkühlen lassen.

2 Inzwischen das Tempuramehl nach Packungsangabe mit Wasser anrühren. Das Fischfilet kalt abspülen, trockentupfen und in etwa 2 cm große Würfel schneiden. Den Brokkoli waschen und in einem Sieb abtropfen lassen. Die Pilze mit Küchenpapier trocken abreiben und die Stielenden abschneiden.

3 Zum Frittieren das Öl in einem breiten Topf erhitzen. Es ist heiß genug, wenn an einem hölzernen Kochlöffelstiel, den man ins Fett taucht, viele kleine Bläschen entstehen (Bild 1). Den Backofen auf 70° schalten. Eine große Platte mit einer dicken Lage Küchenpapier belegen und in den Ofen stellen.

4 Den Fisch und das Gemüse portionsweise in den Teig legen, mit einer Gabel oder mit Stäbchen herausfischen und ins heiße Fett gleiten lassen (Bild 2). Die Stücke in 3–4 Min. knusprig backen und mit einem Schaumlöffel herausheben. Auf der Platte im Ofen abfetten lassen und warm halten. Wenn alles frittiert ist, das Tempura mit dem Chutney servieren (Bild 3).

UND DAZU?

Fladenbrot und Zitronenschnitze

DIP-VARIANTEN

Statt Chutney zum Tempura einen Dip aus 150 g geriebenem Rettich, 2 TL geriebenem Ingwer, 8 EL Sojasauce, 2 EL Reiswein und 1 EL Sesamöl servieren.
Oder 8 EL Sojasauce mit 2–3 EL Reisessig und 1–2 TL Wasabi-Paste verrühren und etwas geriebenen Ingwer untermischen.

1

2

3

würzig | angenehm scharf und wärmend

Indisches Fischcurry

Es muss nicht immer Currypulver sein – schon ein paar Gewürze, frisch geröstet und im Mörser zerstoßen, machen dieses Fischgericht unglaublich gut und unglaublich indisch.

1 TL Koriandersamen | 1 TL Kreuzkümmelsamen | 2 Zwiebeln | 1 rote Chilischote | 1 Aubergine (etwa 450 g) | 6 EL Öl | 3 TL Kurkumapulver | 600 g festfleischiges Fischfilet (Seeteufel, Kabeljau oder Heilbutt) | 1 Mango | 50 g Joghurt | Salz | Korianderblättchen zum Bestreuen

Für 4 Personen | 30 Min. Zubereitungszeit
Pro Portion ca. 345 kcal, 29 g EW, 20 g F, 12 g KH

1 Koriander und Kreuzkümmel in einer Pfanne ohne Fett anrösten, bis sie würzig duften. In den Mörser geben und so fein wie möglich zerstoßen. Die Zwiebeln schälen und fein hacken. Die Chilischote waschen, putzen und mit den Kernen in feine Ringe schneiden. Die Aubergine waschen, putzen und in etwa 2 cm große Würfel schneiden.

2 Das Öl in einem Topf erhitzen, die Auberginenwürfel darin rundherum 4 Min. anbraten. Zwiebeln, Chili, zerstoßene Gewürze und Kurkuma dazugeben und kurz weiterbraten. Mit ¼ l Wasser aufgießen und zugedeckt bei schwacher Hitze etwa 10 Min. schmoren.

3 Inzwischen den Fisch kalt abspülen, trockentupfen und in 2 cm große Würfel schneiden. Die Mango schälen, das Fruchtfleisch vom Stein schneiden und in Würfel oder Schnitze teilen.

4 Den Fisch unter die Auberginen mischen und weitere 2 Min. garen. Die Mangostücke mit Joghurt unterrühren, noch einmal etwa 1 Min. erhitzen. Das Curry mit Salz abschmecken und mit Korianderblättchen bestreut servieren.

festlich | besonders schnell

Süßsaure Ingwergarnelen

600 g geschälte rohe Garnelen | 200 g Tomaten | 1 Stück frischer Ingwer (etwa 4 cm) | 4 Knoblauchzehen | 2 EL Reiswein | 2 EL Reisessig | ½ EL brauner Zucker | 3 EL helle Sojasauce | 2 EL passierte Tomaten | 2 EL Öl | Salz

Für 4 Personen | 15 Min. Zubereitungszeit
Pro Portion ca. 200 kcal, 24 g EW, 8 g F, 7 g KH

1 Die Garnelen vom Darm befreien und waschen. Tomaten waschen und in Würfel schneiden. Ingwer und Knoblauch schälen, Ingwer in Stifte, Knoblauch in Scheiben schneiden. Reiswein mit Essig, Zucker, Sojasauce, frischen und passierten Tomaten mischen.

2 Das Öl in einer Pfanne erhitzen. Die Garnelen darin bei mittlerer Hitze mit Ingwer und Knoblauch etwa 1 Min. braten. Die Sauce angießen, erhitzen. Alles mit Salz abschmecken und servieren.

würzig | aromatisch

Fisch in Teriyaki-Marinade

4 EL Reiswein | 4 EL Mirin (süßer japanischer Reiswein) | 1 EL Zucker | 100 ml Sojasauce | 4 Fischfilets (Makrele, Wolfsbarsch oder Goldbarsch, je etwa 180 g) | 2 EL Öl | japanischer Bergpfeffer

Für 4 Personen | 20 Min. Zubereitungszeit
Pro Portion ca. 310 kcal, 34 g EW, 12 g F, 11 g KH

1 Beide Sorten Reiswein mit Zucker und Sojasauce kräftig aufkochen und leicht dicklich einkochen lassen. Die Marinade über die Fischfilets gießen und kurz ziehen lassen.

2 Den Backofengrill anheizen. Eine ofenfeste Form mit dem Öl ausstreichen, die Fischfilets hineingeben und unter den heißen Grillschlangen (etwa 10 cm Abstand) auf jeder Seite etwa 5 Min. grillen. Dabei immer wieder mit Marinade bepinseln. Mit Bergpfeffer bestreuen und heiß servieren.

Desserts

Das Menü klingt ganz entspannt aus mit einem fruchtig-aromatischen Dessert. Deshalb entscheide ich mich immer wieder gerne für diese leckeren, ingwerwürzigen Bananen. Meine Gäste finden das wunderbar.

Honigbananen aus der Folie

4 normale oder 8 kleinere Bananen
1 Stück frischer Ingwer (etwa 4 cm)
4 EL Honig
3 EL Limettensaft

Für 4 Personen | 25 Min. Zubereitungszeit
Pro Portion ca. 150 kcal, 1 g EW, 1 g F, 38 g KH

1 Den Backofen auf 220° (Umluft 200°) vorheizen. Die Bananen schälen und längs halbieren. 4 Bögen Alufolie auf der Arbeitsplatte ausbreiten und jeweils 2 große oder 4 kleine Bananenhälften nebeneinander darauf verteilen.

2 Den Ingwer schälen und sehr fein reiben. Mit dem Honig und dem Limettensaft verrühren und über die Bananen verteilen. Die Folien verschließen und die Päckchen auf den Rost legen. Im heißen Ofen (Mitte) etwa 18 Min. backen. Heiß auf Teller umfüllen und servieren. Nach Belieben mit Ingwerstiften und Limettenschale garnieren.

TIPP – HEISS MIT EIS

Servieren Sie die Bananen mal mit (fertig gekauftem) Eis oder einer mit Limettensaft und Palmzucker gewürzten Kokosmilch.

ganz schnell | gut vorzubereiten

Mangocreme mit gemischten Nüssen

1 reife Mango (etwa 500 g)
1 Stück frischer Ingwer (etwa ½ cm)
150 ml Kokosmilch (aus der Dose)
4 EL Zucker
4 EL Limettensaft
4 EL gemischte Nüsse (z. B. Mandeln, Pistazien und Pinienkerne)
1 EL Butter
1 EL Zucker

Für 4 Personen | 15 Min. Zubereitungszeit
Pro Portion ca. 285 kcal, 3 g EW, 16 g F, 32 g KH

1 Die Mango schälen und das Fruchtfleisch in Schnitzen vom Stein schneiden. Den Ingwer schälen und hacken. Mango mit Ingwer, Kokosmilch, Zucker und Limettensaft fein pürieren und in Dessertschälchen verteilen.

2 Die Nüsse mit einem großen schweren Messer grob hacken. Die Butter in einer Pfanne zerlassen. Die Nüsse mit dem Zucker hineingeben und unter Rühren rösten, bis der Zucker schmilzt und die Nüsse leicht braun sind. Die karamellisierten Nüsse auf der Mangocreme verteilen.

TURBO-TIPP

Statt der karamellisierten Nüsse Krokant auf die Mangocreme streuen. Dafür bereits krümelig zerstoßenen Krokant nehmen oder Krokantstücke in einen Gefrierbeutel geben und mit dem Nudelholz zerkleinern.

coole Überraschung | für Gäste

Frittiertes Eis mit Limetten-Honig-Sauce

100 g Mehl
1 Ei (Größe M)
4 EL Limettensaft
4 EL Honig
2 EL Kokosraspel
¾ l Fett zum Frittieren
8 Kugeln Vanille- oder Kokoseis

Für 4 Personen | 15 Min. Zubereitungszeit
Pro Portion ca. 280 kcal, 6 g EW, 10 g F, 41 g KH

1 Das Mehl, 150 ml eiskaltes Wasser und das Ei mit dem Handrührgerät oder Schneebesen zu einem glatten Teig verquirlen.

2 Den Limettensaft mit dem Honig in einem kleinen Topf bei schwacher Hitze erwärmen. Die Kokosflocken in einer Pfanne bei schwacher bis mittlerer Hitze leicht anrösten.

3 Das Fett zum Frittieren in einem weiten Topf oder im Wok erhitzen. Die Eiskugeln mit einer Gabel durch den Teig ziehen und im heißen Fett etwa 3 Min. frittieren.

4 Die Eiskugeln mit dem Schaumlöffel aus dem Fett heben, auf Teller verteilen und mit dem Limettenhonig beträufeln. Mit Kokosraspeln bestreuen und rasch servieren.

VARIANTE – MANGO-KOKOS-SAUCE

Statt Limetten-Honig-Sauce . Mango schälen, klein schneiden und mit 50 ml Kokosmilch, 1 EL Limettensaft und 1 EL Puderzucker pürieren.

oben: Mangocreme mit gemischten Nüssen | unten: Frittiertes Eis mit Limetten-Honig-Sauce

Hingucker | gut vorzubereiten

Kokosreis mit exotischem Fruchtsalat

Ein richtiger Klassiker aus Thailand ist süßer Klebreis, normalerweise mit frischer Mango serviert – mit buntem Fruchtsalat schmeckt er nochmal so gut.

100 g Duftreis
200 ml Kokosmilch (aus der Dose)
3 EL Palmzucker oder brauner Zucker
1 kleine Ananas
1 Mango
1 Papaya
1 Banane
2 EL Kokoslikör (z. B. Malibu)
2 EL Limettensaft

Für 4 Personen | 30 Min. Zubereitungszeit
Pro Portion ca. 370 kcal, 4 g EW, 11 g F, 62 g KH

1 Den Reis mit 200 ml Wasser in einen Topf geben, langsam zum Kochen bringen und zugedeckt bei sehr schwacher Hitze in etwa 15 Min. ausquellen lassen. Dann die Kokosmilch mit 2 EL Palmzucker unterrühren, bis der Zucker sich gelöst hat. Den Reis abkühlen lassen.

2 Inzwischen für den Salat die Ananas schälen und die Augen mit der Spitze des Sparschälers oder einer Messerspitze herausstechen (Bild 1). Die Ananas längs vierteln und den harten Strunk aus der Mitte herausschneiden (Bild 2). Die Ananas in Würfel schneiden.

3 Die Mango schälen. Das Fruchtfleisch in Spalten vom Stein und in Streifen schneiden (Bild 3). Die Papaya längs halbieren, Kerne mit einem Löffel entfernen (Bild 4), Fruchtfleisch in Scheiben schneiden. Banane schälen und in dünne Scheiben schneiden.

4 Den Kokoslikör mit dem Limettensaft und dem übrigen Palmzucker verrühren. Die Früchte untermischen und kurz ziehen lassen.

5 Den Kokosreis auf Tellern verteilen, die Früchte daneben anrichten (Bild 5).

WENIGER LEUTE AM TISCH?

Für 2 Personen: Die Reismenge halbieren, den Salat wegen der bunten Mischung in der ganzen Menge (ohne Banane) machen, aber eine Hälfte noch nicht mit der Sauce mischen. Am nächsten Tag essen.

TIPP – MANGOSCHNITZE

Unbedingt eine gute Mango kaufen, z. B. eine faserfreie und hocharomatische aus Thailand oder aus Kenia. Eine andere Methode der Vorbereitung: Die Mango waschen, auf ein Brett legen und die obere Hälfte dicht über dem Stein abschneiden. Das Mangofleisch mit einem Löffel von der Schale lösen und in dünne Scheiben schneiden. Das Fruchtfleisch auf der anderen Seite ebenso von Stein und Schale lösen und schneiden. Restliches Fruchtfleisch am Stein schälen, ablösen und gleich essen. Wer mag, mischt die Mangoscheiben mit etwas Limettensaft, bevor er sie dekorativ auf dem Kokosreis verteilt.

1

2

3

4

5

lässt sich gut vorbereiten | für Frucht-Fans

Gemischte Früchte in Kokosmilch

Mit dem Nachtisch kommen viele auf ihre Kosten. Kokosmilch-Fans ebenso wie Gewürzliebhaber – und natürlich alle, die auf frische Früchte stehen.

4 grüne Kardamomkapseln | 1 Zimtstange | 1 Sternanis | 40 g Zucker | 1 Dose Kokosmilch (400 ml) | 1 säuerlicher Apfel | 1 feste Birne | 1 reife Banane oder 4 Baby-Bananen | 250 g Erdbeeren | 8 Kumquats

Für 4 Personen | 20 Min. Zubereitungszeit
Pro Portion ca. 345 kcal, 3 g EW, 22 g F, 35 g KH

1 Die Kardamomkaspeln im Mörser andrücken, mit dem Zimt, dem Sternanis, Zucker und Kokosmilch in einen Topf geben und zum Kochen bringen. In etwa 5 Min. auf die Hälfte einkochen lassen. Zwischendurch umrühren. Die Kokosmilch durch ein Sieb gießen und abkühlen lassen.

2 Den Apfel und die Birne vierteln, schälen und vom Kerngehäuse befreien. In Spalten schneiden. Die Banane schälen und in dünne Scheiben schneiden, die Baby-Bananen schälen und längs halbieren. Die Erdbeeren vorsichtig waschen, putzen und je nach Größe vierteln oder achteln. Die Kumquats waschen und in Scheiben schneiden.

3 Die Früchte mit der abgekühlten Kokosmilch mischen und servieren.

TIPP – ZITRUS-PEP

Wer's gerne fruchtig-säuerlich mag, würzt die Kokosmilch mit ein bisschen frisch gepresstem Limetten-, Zitronen- oder Blutorangensaft.

Ganz schnell fertig | Winterfreude

Orangensalat mit Ingwer und Datteln

4 große saftige Orangen | ½ Bio-Zitrone | 100 g Datteln | 1 Stück frischer Ingwer (etwa 2 cm) | 2 EL Honig | Zimtpulver zum Bestreuen

Für 4 Personen | 10 Min. Zubereitungszeit
Pro Portion ca. 155 kcal, 2 g EW, 1 g F, 37 g KH

1 Die Orangen so schälen, dass auch die weiße Haut mit entfernt wird. Das Fruchtfleisch in dünne Scheiben schneiden, den abtropfenden Saft dabei auffangen. Die Scheiben auf Tellern auslegen.

2 Die Zitronenhälfte waschen und abtrocknen, die Schale dünn abreiben. Die Datteln in Streifen schneiden. Den Ingwer schälen und fein reiben, mit Orangensaft, Honig und Zitronenschale verrühren.

3 Die Datteln auf den Orangen verteilen, die Sauce darüber löffeln und alles mit etwas Zimt bestreuen.

exotisch | ganz einfach

Ananassalat mit Zitronengras

1 Ananas | 1 Stängel Zitronengras | 2 Stängel Minze | 1 Vanilleschote | 2 EL Kokossirup (ersatzweise Ahornsirup) | 1 EL Limettensaft

Für 4 Personen | 15 Min. Zubereitungszeit
Pro Portion ca. 80 kcal, 0 g EW, 1 g F, 19 g KH

1 Die Ananas schälen, längs vierteln und den Strunk herausschneiden. Das Fruchtfleisch würfeln. Das Zitronengras von den Enden und den äußeren Blättern befreien, waschen und sehr fein hacken. Die Minze waschen, trockenschütteln, die Blätter abzupfen und in Streifen schneiden. Vanilleschote längs aufschlitzen und das Mark herauskratzen.

2 Das Zitronengras mit der Minze, dem Vanillemark, Kokossirup und Limettensaft verrühren und mit den Ananasstücken mischen und kurz ziehen lassen.

Zum Gebrauch
Damit Sie Rezepte mit bestimmten Zutaten noch schneller finden können, stehen in diesem Register zusätzlich auch beliebte Zutaten wie **Hackfleisch** oder **Nudeln** – ebenfalls alphabetisch geordnet und **hervorgehoben** – über den entsprechenden Rezepten.

DAS ORIGINAL MIT GARANTIE

Ihre Meinung ist uns wichtig. Deshalb möchten wir Ihre Kritik, aber auch Ihr Lob erfahren, um als führender Ratgeberverlag noch besser zu werden. Darum schreiben Sie uns! Wir freuen uns auf Ihre Post und wünschen Ihnen viel Spaß mit Ihrem GU-Ratgeber.

Unsere Garantie: Sollte ein GU-Ratgeber einmal einen Fehler enthalten, schicken Sie uns das Buch mit einem kleinen Hinweis und der Quittung innerhalb von sechs Monaten nach dem Kauf zurück. Wir tauschen Ihnen den GU-Ratgeber gegen einen anderen zum selben oder ähnlichen Thema um.

GRÄFE UND UNZER VERLAG

Redaktion Kochen & Verwöhnen

Postfach 86 03 13
81630 München
Fax: 089/41981-113

oder schreiben Sie uns eine E-Mail an:
leserservice@graefe-und-unzer.de

Programmleitung: Doris Birk
Leitende Redakteurin: Birgit Rademacker
Redaktion: Tanja Dusy
Lektorat/DTP/Satz: Redaktionsbüro Christina Kempe, München
Layout, Typografie und Umschlaggestaltung: independent Medien-Design, München
Herstellung: Petra Roth
Reproduktion: Penta Repro, München
Druck und Bindung: Appl, Wemding

ISBN (10) 3-8338-0300-2
ISBN (13) 978-3-8338-0300-0

Auflage	5.	4.	3.	2.	1.
Jahr	2010	09	08	07	06

GRÄFE UND UNZER

Ein Unternehmen der
GANSKE VERLAGSGRUPPE

Die Autorin

Cornelia Schinharl hat ihre Liebe zum Essen und Trinken zum Beruf gemacht. Seit vielen Jahren bringt sie ihren Erfahrungsschatz als freie Food-Journalistin und Kochbuchautorin zu Papier und hat dafür schon zahlreiche Auszeichnungen bekommen. Ihr besonderes Interesse gilt der Küche fremder Länder, allen voran Asien und Italien.

Der Fotograf

Barbara Bonisolli beschäftigt sich seit Jahren mit Ess- und Trinkbarem. In ihrem Studio am Münchner Viktualienmarkt fotografiert die leidenschaftliche Köchin für Bücher, Magazine, Kampagnen. Unterstützt wird sie dabei von Claudia Juranits (Fotoassistenz) und Hans Gerlach (Foodstyling) mit Assistent Alexander Kühn.

Bildnachweis:

Titelfoto: Joerg Lehmann, Paris; alle anderen: Barbara Bonisolli, München

Titelbildrezept:

Huhn mit Paprika und Erdnüssen von Seite 39

GU-EXPERTEN-SERVICE

Haben Sie Fragen zu den Rezepten oder benötigen Sie weiteren Rat zum Thema? Dann schreiben Sie uns. Unsere Experten helfen Ihnen gerne weiter. Unsere Adresse finden Sie links.

So zauben Sie ein mehrgängiges Menü

FÜR 4 PERSONEN | 1 STD. 30 MIN.

Menü zum Vorbereiten

Das gibt es

Ingwer-Möhren-Salat *[Seite 9]*

Kürbis-Kokos-Chili-Suppe *[Seite 18]*

Limetten-Hackbällchen mit Wasabi *[Seite 45]*

Gemischte Früchte in Kokosmilch *[Seite 58]*

Zusätzlich brauchen Sie

Indisches Fladenbrot zu Salat und Suppe
250 g Reis oder Reisnudeln zu den Bällchen

So wird's gemacht

1 Den Salat zubereiten und kühl stellen.

2 Die Hackbällchen vorbereiten und formen, abgedeckt in den Kühlschrank stellen

3 Früchte schneiden, mischen, abdecken. Sauce kochen, in eine Schüssel füllen.

4 Suppe kochen und pürieren.

5 Den Salat durchmischen, servieren.

6 Die Suppe aufwärmen, mit Koriander bestreuen, servieren.

7 Reis oder Reisnudeln für die Bällchen kochen. Hackbällchen dämpfen und mit Reis oder Reisnudeln servieren.

8 Früchte mit Kokossauce servieren.

FÜR 4 PERSONEN | 55 MIN.

Blitz-Menü

Das gibt es

Salat aus gebratenem Kohl *[Seite 12]*

Rindfleisch mit Austernsauce *[Seite 44]*

Mangocreme mit gemischten Nüssen *[Seite 54]*

Zusätzlich brauchen Sie

200 g Reis als Beilage zum Rindfleisch

So wird's gemacht

1 Mangocreme zubereiten, kühl stellen.

2 Sauce für den Kohl rühren.

3 Kohl schneiden, Rindfleisch, Paprika und Zwiebeln ebenfalls schneiden, alles zugedeckt beiseite stellen.

4 Kohl braten, mit der Sauce mischen, servieren.

5 Reis für das Rindfleisch kochen. Fleisch, Paprika und Zwiebeln braten, mit der Sauce mischen, servieren.

6 Nüsse für die Mangocreme rösten, vor dem Servieren aufstreuen.

Variante: Zusätzlich Buchweizennudeln mit Lachs und Tofu (Seite 26) zubereiten und vor dem Rindfleisch servieren.